D

CULTIVOS DE LA GRANJA

LA VIDA EN LA GRANJA

Lynn M. Stone

Traducido por Esther Sarfatti

Rourke Publishing LLC
Vero Beach, Florida 32964

www.rourkepublishing.com

DERECHOS DE LAS FOTOGRAFÍAS

Todas las fotografías © Lynn M. Stone

SERVICIOS EDITORIALES
Pamela Schroeder

Catalogado en la Biblioteca del Congreso bajo:

Stone, Lynn M.

Impreso en EE. UU. – Printed in the U.S.A.

CONTENIDO

CULTIVOS DE LA GRANJA

Los **cultivos** son plantas alimenticias, tales como el maíz, la soja, la lechuga y las naranjas. Alrededor de la mitad de las granjas de Estados Unidos se dedican sólo a la agricultura.

Algunos productos, como el maíz, se siembran en los campos. Otros son los frutos de árboles o de arbustos. Las manzanas, las naranjas y las cerezas son productos de los árboles. Los árboles frutales crecen en los **huertos frutales.**

La mayoría de las granjas de cultivo producen y venden sólo cultivos. Se dedican exclusivamente a uno o dos cultivos. Por ejemplo, muchos productores de maíz cultivan también soja.

Las granjas de **ganadería** a menudo producen cultivos para alimentar sus animales. Pero los ganaderos no suelen cultivar productos para vender.

¡Mmmm, qué rico! Una vaca Jersey engulle el pasto. El ganado convierte el pasto, como la alfalfa, en carne y leche.

Los cultivos son importantes tanto para los animales como para las personas. Los granjeros alimentan el **ganado** con sus cultivos. Luego el ganado se convierte en alimento para nosotros. ¡Sin cultivos no habría hamburguesas, bistecs ni huevos fritos!

Los cultivos más importantes de Estados Unidos son los cereales de **grano**. El maíz es el cereal más importante. Es uno de los cultivos que se usa de alimento tanto para las personas como para los animales de granja. Otro cereal importante es el trigo.

DÓNDE CRECEN LOS CULTIVOS

Las plantas alimenticias crecen cuando los granjeros cuidan bien de ellas. Cada clase de planta tiene diferentes necesidades. Casi todas las plantas de cultivo necesitan sol, tierra y agua. Pero cada cultivo necesita el clima adecuado. Las naranjas, la caña de azúcar y las bananas, por ejemplo, crecen sólo donde no hiela. Los manzanos, en cambio, necesitan una estación fría.

Las manzanas se dan bien en muchos estados del norte.

Las granjas familiares producen cultivos como estos a lo largo del verano.

Estas balas de heno se secan en una tarde de septiembre en Montana.

Las diferentes clases de maíz crecen casi en cualquier parte. Pero donde mejor crece el maíz es en la rica tierra negra del medio oeste de Estados Unidos. El trigo crece mejor en los estados llanos y secos.

Muchas partes de Norteamérica son famosas por sus cultivos. Florida y California producen naranjas. Manitoba y Alberta, en Canadá, producen trigo. Luisiana produce azúcar. Washington, Michigan y Nueva York producen manzanas. Illinois y Iowa son conocidos por el maíz y la soja.

El estado de Florida es conocido por sus huertos de naranja y toronja.

LA SIEMBRA DE CULTIVOS

Cada cultivo crece durante una época del año llamada estación. Algunos cultivos en los estados cálidos pueden crecer durante dos o tres estaciones.

Los granjeros siembran los campos de cultivo al comienzo de la estación. El maíz de Illinois se siembra habitualmente a finales de abril.

Los granjeros preparan los campos para la siembra labrando el suelo con máquinas.

Primero, los granjeros tienen que preparar el terreno para la siembra. Los granjeros labran la tierra con arados o **discos**. Usan tractores y máquinas especiales para sembrar semillas.

Las plantas necesitan agua para crecer. El agua de lluvia no es siempre suficiente. Algunos granjeros llevan agua a los campos en canales o con enormes **aspersores**.

Enormes aspersores envían chorros de agua a estos cultivos en el sur de Florida.

LA COSECHA

Los granjeros hacen la **cosecha** al final de la estación. Para entonces las frutas y las verduras han dejado de crecer. Ahora están maduras y listas para recogerse. Las naranjas y las manzanas casi siempre se recogen a mano. Pero la mayoría de los cultivos se cosechan a máquina. Las mazorcas de maíz y la soja, por ejemplo, se recogen con una **cosechadora**. Existen diferentes máquinas de recolección, según los cultivos.

Una cosechadora de maíz recoge las mazorcas en Illinois.

Después de la cosecha, los granjeros envían sus productos a los mercados o los almacenan. Algunos cultivos se trituran antes de almacenarse. A menudo, los ganaderos convierten el maíz en alimento para los animales y lo almacenan. Este proceso se llama **ensilar**. Los granos se almacenan en **silos**.

GLOSARIO

aspersor — una máquina que riega agua a presión

cosecha — temporada en que se recogen los cultivos

cosechadora — una gran máquina de recolección con
  tracción propia

cultivo — un campo, arboleda o huerto de plantas alimenticias
  en maduración, tales como maíz o manzanas

disco — una máquina de cultivo usada para arar el suelo y que
  está equipada con varias cuchillas redondas

ensilar — guardar los alimentos en silos

ganado — los animales de granja

grano — la semilla o fruto de una planta herbácea, como el maíz
  o el trigo

huerto frutal — un cultivo de árboles frutales, en especial
  manzanos, perales y cerezos.

silo — depósito en forma de tubo donde se almacena el maíz u
  otros granos

ÍNDICE

Lecturas recomendadas

Cooper, Jason. *Corn*. Rourke, 1998.
Cooper, Jason. *Oranges*. Rourke, 1998
Paladino, Catherine. *One Good Apple: Growing Our Food for the Sake of the Earth*.
Houghton Mifflin, 1999
Stone, Lynn M. *Pumpkins*. Rourke, 2002.

Páginas Web para visitar

www.historylink101.com

Acerca del autor

Lynn Stone es autor de más de 400 libros infantiles. Sacar fotografías de la naturaleza es otro de sus talentos. Lynn, que antes fue maestro, viaja por todo el mundo para fotografiar la vida salvaje en su hábitat natural.